D0685342

Le Grand Meaulnes

Images
et documents

Éditions Garnier
8, rue Garancière
PARIS

Texte de présentation
établi par
Daniel Leuwers
Professeur à l'Université de Tours

Iconographie réunie par Véronique Beaussant
Mise en pages de Danièle Aires

Nous exprimons notre vive reconnaissance à M. Alain Rivière qui a mis à notre disposition pour la réalisation de cet album ses archives personnelles et qui nous a si libéralement aidé de ses suggestions et de ses conseils.

Les citations qui sont extraites du Grand Meaulnes portent la référence de la partie et du chapitre.

Couverture : illustration du Grand Meaulnes par Berthold Mahn.

ALAIN-FOURNIER

ET SON TEMPS

Alain-Fournier en 1913.

Alain-Fournier

et son temps

Tous les historiens aiment à souligner l'effervescence caractéristique des années qui précédent la Première Guerre mondiale. Charles Péguy disait d'ailleurs vers 1910 que le monde avait beaucoup plus changé à ses yeux depuis cinquante ans qu'il ne l'avait fait depuis Jésus-Christ. L'« accélération de l'Histoire » est, de fait, très sensible dans la période où Alain-Fournier accomplit sa brève trajectoire terrestre (1886-1914). Les découvertes et les innovations de la technique se multiplient. L'automobile fait une percée spectaculaire après que Panhard et Levassor ont construit leur premier modèle en 1891 ; les prouesses aériennes d'un Blériot qui traverse la Manche en 1909 font passer les rêves d'Icare au rang de réalités. Le téléphone, la T.S.F., le phonographe et le cinéma (l'invention des frères Lumière remonte à 1895) viennent élargir comme par miracle le champ de la communication humaine. Dans le même temps, Paris se transforme. La capitale à laquelle Haussmann avait donné son empreinte sous le second Empire, devient surtout la « ville-lumière » grâce à l'extension de l'éclairage électrique. L'Exposition Universelle de 1900 est l'occasion d'embellissements ; on achève alors la construction du pont Alexandre III, du Petit et du Grand-Palais (où Alain-Fournier fera, le 1er juin 1905, la rencontre capitale de sa vie).

Exposition universelle de 1900 : le pont Alexandre-III.

Répétition générale aux Folies-Bergère, par Alberti. Salon de 1901.

Mais si le Paris du début de siècle jouit d'un prestige international (on inaugure dès 1900 la première ligne du métro), la France demeure essentiellement rurale. Les paysans représentent plus de la moitié de la population et sont encore peu touchés par cette évolution. La capitale les attire d'autant moins qu'ils se savent presque inéluctablement voués à venir grossir un prolétariat qui est la face voyante ou cachée (selon l'angle de vision adopté) de la Belle Époque. Cette Belle Époque a certes toutes les apparences de la frivolité et de la facilité. Elle semble privilégier une image idyllique de la femme, élégante, libre de costume et de mœurs, à l'instar de la « Claudine » lancée dès 1900 par Willy et Colette. Mais à côté des aristocrates qui habitent le boulevard Saint-Germain (telle Yvonne rencontrée par Alain-Fournier) ou des « grandes cocottes » dont les exploits (de la belle Otéro à Liane de Pougy) défraient la chronique, il y a des femmes au destin plus précaire (comme Valentine, la petite modiste du *Grand Meaulnes,* qui, abandonnée, n'aura peut-être pour seule échappatoire que la prostitution). Paris : ville des contrastes, tout comme la France qui vient de sortir déchirée de l'affaire Dreyfus et qui va connaître, à l'approche de la guerre, des clivages marqués entre le nationalisme et le socialisme humaniste.

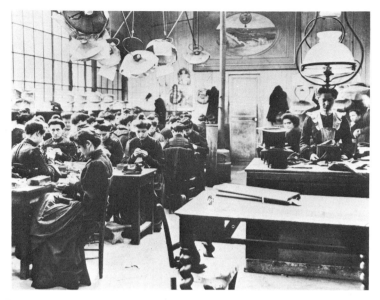

Manufacture de chapeaux de soie en 1900.

Un dîner à l'hôtel Ritz, par Jeannot. 1904.

Mme Fournier.

M. Fournier.

Alain-Fournier en 1902.

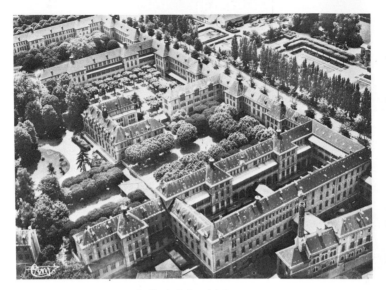
Le Lycée Lakanal à Sceaux.

Le jeune Alain-Fournier qui, de sa douzième à sa quinzième année, est pensionnaire au lycée Voltaire à Paris n'éprouve pas d'affection particulière pour la capitale qui n'est pour lui qu'un austère lieu d'études, ceint de hauts murs emprisonnants qu'il a envie de mettre à bas pour aller au plus vite rejoindre les paysages aimés de son enfance passée en Sologne. Pourtant, lorsque, en 1903, à dix-sept ans, Alain-Fournier obtient son baccalauréat préparé à Bourges, il lui faut envisager de revenir dans ce Paris « détesté d'une haine de paysan » mais qui demeure le lieu le plus propice à une préparation au Concours d'entrée à l'École Normale supérieure. Alain-Fournier n'aura en fait qu'à se féliciter de ce retour à Paris qui va coïncider avec sa véritable initiation à la vie intellectuelle de l'époque. Entré en octobre 1903 au Lycée Lakanal de Sceaux, aux portes de Paris, le futur auteur du *Grand Meaulnes* fait rapidement la connaissance de Jacques Rivière qui est de quelques mois son aîné et dont il va devenir l'ami pour la vie. C'est la poésie qui contribue au rapprochement des deux jeunes « khâgneux » qui ont pour professeur M. Francisque Vial. Peu avant les fêtes de Noël 1903, celui-ci leur fait la lecture d'un poème d'Henri de Régnier, *Tel qu'en songe* :

« J'ai cru voir ma Tristesse – dit-il – et je l'ai vue
– Dit-il plus bas –
Elle était nue,
Assise dans la grotte la plus silencieuse
De mes plus intérieures pensées ».

Jacques Rivière.

Autoportrait d'Alain-Fournier en 1905.

Alain-Fournier et Jacques Rivière communient dans la même admiration. Comme Jacques Rivière le rappellera dans la préface de *Miracles,* « quelque chose d'inconnu, en effet, était atteint dans nos âmes ; une harpe que nous ne soupçonnions pas en nous s'éveillait, répondait [...] Je regardais Fournier sur son banc ; il écoutait profondément, plusieurs fois nous échangeâmes des regards brillants d'émotion. A la fin de la classe, nous nous précipitâmes l'un vers l'autre. [...] Nous étions dans l'enchantement et bouleversés d'un enthousiasme si pareil que notre amitié en fut brusquement portée à son comble. »

Les deux amis achètent, dès la rentrée de janvier 1904, les livres d'Henri de Régnier, mais aussi de Vielé-Griffin et de Maurice Maeterlinck. Ce dernier infuse dans son œuvre, et spécialement dans *Pelléas et Mélisande,* un climat spirituel où l'artificiel et l'allégorique se mêlent à merveille. Mais ce que Alain-Fournier prise surtout en Maeterlinck, c'est le dramaturge qui a offert à Claude Debussy le moyen de réaliser ses conceptions dramatiques. Tandis que Maeterlinck exprime les plus cruels débats de l'âme en quelques phrases, Debussy sait les traduire en quelques notes. Le *Pelléas et Mélisande* de Debussy a été créé à l'Opéra-Comique le 30 avril 1902, et l'œuvre a été aussitôt âprement combattue en même temps que passionnément admirée. Une mystérieuse atmosphère d'attente habite l'opéra de Debussy dont l'influence sur *Le Grand Meaulnes* sera très sensible : Meaulnes ne bouleverse-t-il pas la vie calme des Seurel, comme Mélisande celle des habitants du Château d'Allemonde ? Golaud, égaré dans la forêt, ne découvre-t-il pas Mélisande, à la façon dont Meaulnes découvre Yvonne de Galais au cœur du « Domaine mystérieux » ? La jeune fille dont rêve l'adolescent Alain-Fournier ne peut plus avoir désormais que le visage de cette Mélisande interprétée à l'Opéra-Comique par « Mlle Garden, une norvégienne, très jolie et chantant très bien » — ainsi que Jacques Rivière l'écrira à ses tantes le 21 janvier 1904. Lorsque Alain-Fournier verra pour la première fois Yvonne de Quièvrecourt en juin 1905, il l'assimilera immédiatement à Mélisande. Après qu'Yvonne lui aura dit son nom, il ne pourra se retenir d'ajouter : « le nom que je vous donnais était plus beau », pensant alors à Mélisande, la jeune femme blonde dont la pureté culmine dans la mort et qu'Yvonne de Galais rejoindra dans un troublant mimétisme.

Si le personnage de « Pelléas, joué par Jean Périer n'était pas fameux », à en croire Jacques Rivière, ce dernier n'en aspire pas moins à revoir l'opéra autant qu'il le pourra : « Je connais un monsieur qui l'a entendu trente-deux fois. On ne s'en lasse pas... » (lettre de Jacques Rivière à ses tantes, 21 janvier 1904). Oui, l'œuvre de Debussy est un durable enchantement pour les deux amis : Rivière ne cesse

Henri de Régnier (1864-1936).

Claude Debussy (1862-1918).

Maurice Maeterlinck
(1862-1949).

PELLÉAS ET MÉLISANDE

CLAUDE DEBUSSY
MAURICE MAETERLINCK

Affiche de la création de *Pelléas et Mélisande,* par G. Rochegrosse.
Avril 1902.

1902   JUIN II. — NUMÉRO SPÉCIAL : PELLÉAS ET MÉLISANDE   N° 84

LE THÉATRE

THÉATRE NATIONAL DE L'OPERA-COMIQUE. — *PELLÉAS ET MÉLISANDE.* — Mⁱˡᵉ GARDEN. — Rôle de *Mélisande*

ÉDITEURS : *Manzi, Joyant & Cᵉ, 24, Boulevard des Capucines, Paris.* — PRIX NET : **2 fr.** ; Étranger, 2 fr. 50

Mary Garden dans le rôle de Mélisande.

Jean Périer dans le rôle de Pelléas.

d'en parler dans des lettres où ses dons de critique musical transparaissent, tandis qu'Alain-Fournier évoque encore, le 19 novembre 1906, « un art qui se moque bien des règles et qui les a dépassées depuis longtemps, puisque c'est au cœur, directement, qu'il a voulu s'adresser ». Et Alain-Fournier de célébrer la musique de Debussy qui va « s'élargissant, se subtilisant jusqu'à évoquer les mélodies ineffables, les chants de l'au-delà dont la parole humaine est le grossier écho ».

Jacques Rivière et Alain-Fournier assisteront à maintes représentations de *Pelléas et Mélisande*. Rivière ne confie-t-il pas le 8 mai 1907 à ses tantes : « Nous étions là toute une troupe de Pelléastres, Guinle, Fournier, Guéniffey, moi et aussi la sœur de Fournier. Nous avons fait relever le rideau sept fois à la fin. » Et tous d'apprécier que Debussy ait métamorphosé la légende symbolique de Maeterlinck en un drame si simplement et si sensuellement humain.

En musique, Jacques Rivière aura été l'initiateur d'Alain-Fournier. Non seulement Jacques Rivière rédige des chroniques musicales aiguës, mais il tient également son ami au courant de la vie parisienne, pendant son service militaire en 1908 et 1909. Rivière continue d'assister aux représentations de *Pelléas* . « On ne sait peut-être pas assez ce que fut *Pelléas* pour la jeunesse qui l'accueillit à sa naissance, pour ceux qui avaient de seize à vingt ans quand il parut. Un monde merveilleux, un très cher paradis où nous nous échappions de nos difficultés. » *(La Nouvelle Revue française,* avril 1911). Mais quelques œuvres viennent parfois rivaliser avec le chef-d'œuvre absolu. Le 26 mai 1908, Jacques Rivière assiste à la représentation de *Boris Godounov.* Il en sort enthousiaste et confie le lendemain à Alain-Fournier : « Je ne peux pas te dire comme c'est beau. [...] C'est le germe évident de *Pelléas.* » Quelques jours plus tard, il va jusqu'à dire qu'il trouve chez Moussorgsky « quelque chose de plus que dans Debussy. [...] Il y a cette façon qu'a l'harmonie d'être sans cesse, en même temps que vertigineusement raffinée, d'une simplicité et d'une spontanéité à vous jeter par terre. » Mais très vite *Pelléas* reprendra sa suprématie inébranlable – une suprématie dont Alain-Fournier n'a jamais douté, lui qui range Saint-Saëns ou Lalo parmi les auteurs de « choses rasantes », qui est déçu par Ravel (« C'est mauvais. Croit-il vraiment faire du Debussy ? »), qui comprend César Franck mais « sans aimer » (lettre à Jacques Rivière, 17 mars 1907). Ainsi revient-il toujours à Debussy – à qui il dédie sa nouvelle, *La Partie de plaisir,* parue en 1910 dans la revue *Schéhérazade.* Mais rien ne saurait à ses yeux égaler *Pelléas et Mélisande,* pas même *L'Après-midi d'un faune,* morceau « classique déjà et régulièrement bissé » mais à propos duquel Alain-Fournier ajoute : « Si Mallarmé s'était exprimé musicalement, on pense qu'il aurait été plus près de César Franck. »

Nijinski dans *l'Après-midi d'un faune.*

En 1913, Paris va soudain vivre sous le signe des Ballets Russes et de leur éclatant triomphe. La troupe de Serge de Diaghilev s'est produite au Châtelet dès 1909. Grâce à Nijinski et à ses danseurs, tout un académisme chorégraphique se trouve remis en question, au profit de mises en scène féériques. ‹ Ballet d'art, féérie d'art, le rêve de Mallarmé, notre rêve se réalise › pourra écrire Henri Ghéon dans *La Nouvelle Revue française.* Igor Stravinsky se met au service des Ballets Russes et compose pour eux *L'Oiseau de feu* (1910). *Pétrouchka* (1911) et *Le Sacre du printemps* (1913). Pour *Le Sacre,* on se bat dans la salle, et l'incident alimente la chronique. A ceux qui jugent la musique de Stravinsky brutale et grossière, Jacques Rivière répond que ‹ pour s'abandonner à une grossièreté aussi pure, il faut une miette de plus de génie que pour s'en garder ›. La banalité apparente dont sa musique est faite, Stravinsky ‹ la transfigure, il l'élève jusqu'au sublime ›. (*La N.R.F.,* novembre 1913).

Nijinski et une danseuse,
par Bourdelle

Scène finale de *Petrouchka*. Décor d'Alexandre Benois.

Requis en 1913 par *Le Grand Meaulnes,* Alain-Fournier n'a pas le loisir de suivre Jacques Rivière dans la « bataille » du *Sacre,* mais il a eu l'occasion d'éprouver son ami, deux ans auparavant, dans la dé-fense de *Pétrouchka.* Alain-Fournier, donne, le 9 septembre 1911, à Jacques Rivière qui vient de publier une chronique dans la *N.R.F.,* son sentiment sur ce ballet qu'il ne peut réduire à « l'unique joie de la danse » :

« Je ne vois pas du tout certaines choses comme toi. Ni "primesau-tier", ni "léger", ni "bondissant". Mais bien plutôt lourd et compliqué et inquiétant. Inextricable et précis comme un rêve, comme les cou-loirs d'une ville inconnue où l'on s'enfonce la nuit [...] Invention prodigieuse, divertissante et tragique, logique et burlesque. Elle ne peut se comparer qu'à celle du rêve. Toujours la même et toujours autre. Le rêve, où je galope, avec des éclats de rire, dans toutes les chambres de mon cerveau. »

Dans leur commune découverte de la création artistique du début de ce siècle, Alain-Fournier et Jacques Rivière ne sont jamais plus passionnants que lorsqu'ils expriment leurs désaccords, tout en aspi-rant à une compréhension réciproque. Davantage encore que la musi-que, la littérature leur donne l'occasion de joutes fructueuses. L'une des plus grandes admirations d'Alain-Fournier fut dès 1905 Jules La-forgue, poète dont l'existence éphémère (1860-1887) laisse une œuvre angoissée, ironique et grinçante. Laforgue agace Jacques Rivière qui le trouve larmoyant et prétentieux, mais Alain-Fournier défend fougueu-sement l'auteur blessé des *Complaintes,* le poète en quête de la Femme et qui sait ce que son rêve a d'irréalisable. L'ironie de Lafor-gue est la conséquence d'une blessure intime, affirme Alain-Fournier qui ajoute, le 22 janvier 1906, à l'adresse de Jacques Rivière : « Comme moi, il a horreur de la poésie qui n'est que belle et qui n'est que la poésie pendant qu'à côté il y a la vie et peut-être le laid. » Et puis Laforgue a explicitement recommandé de « ne plus séparer la vie d'avec l'art », conseil qu'Alain-Fournier retiendra. Enfin, Laforgue est le modèle même cité par Alain-Fournier à l'orée de son œuvre. Le 13 août 1905, Alain-Fournier ne confiait-il pas à Jacques Rivière : « Je voudrais [...] procéder de Laforgue, mais en écrivant *un roman.* C'est contradictoire ; ça ne le serait plus si on ne faisait, de la vie avec ses personnages, du roman avec ses personnages, que des rêves qui se rencontrent. »

Alain-Fournier aime également Francis Jammes, poète né en 1868 et dont *De l'angélus de l'aube à l'angélus du soir,* publié en 1898, révèle un goût pour les choses humbles de la vie, avec une naïveté plus ou moins feinte. Francis Jammes, c'est, pour Alain-Fournier, une sensibilité tout imprégnée de la senteur du terroir et qui tourne le dos à l'intelligence et à la culture des idées. A propos de *Clairières dans le ciel,* qui vient de paraître en 1906, Alain-Fournier vantera chez Jammes « cette audace de préciser certains défauts exquis et vivants, défauts de l'image idéale qui la font vivre et la font alors plus belle encore que la beauté » (lettre à Jacques Rivière, 19 novembre 1906). Comme si Alain-Fournier cherchait déjà un contrepoids au penchant idéaliste de sa nature...

Francis Jammes (1868-1938).

Une lecture autour de Verhaeren, par Théo van Rysselberghe. 1903.
Assis, de gauche à droite : F. Danté, F. Vielé-Griffin, H.E. Cross, A. Gide, M.
Maeterlinck.
Debout : F. Fénéon, H. Ghéon.

Jules Laforgue (1860-1887) par Skarbina.

Paul Fort (1872-1960).

D'autres poètes accompagnent le cheminement d'Alain-Fournier. Emile Verhaeren dont *Les Forces tumultueuses,* recueil paru en 1902, chante puissamment la vie moderne, le monde industriel et l'espoir des hommes, jouit en France d'une influence considérable. Alain-Fournier le lit avec intérêt mais discerne rapidement chez lui un « grand défaut : manque de variété », avant d'ajouter : « C'est quelque chose de bruyant, de vicieux, de fumeux. » (lettre à Jacques Rivière, 23 septembre 1905). Sur ce point au moins, Alain-Fournier et Jacques Rivière sont d'accord. Quant aux poètes qui se situent dans la mouvance du Symbolisme, Alain-Fournier prend rapidement ses distances avec eux. Il lui suffit de les rencontrer pour porter sur eux quelques jugements rédhibitoires. De Jean Moréas, le célèbre poète du *Pèlerin passionné,* Alain-Fournier écrira en novembre 1906 : « Je l'attendais vaniteux jusqu'au génie. Je l'ai trouvé vieilli, totalement abruti, suffisant. » Quant à Paul Fort dont Alain-Fournier attendait mieux, il a certes « de longs cheveux noirs et un chapeau pointu : tête assez réussie de "marchand d'images" », mais le portrait du jeune directeur de *Vers et Prose* devient ensuite féroce : « Il zézaye d'un air accablé et obscur. Il aime tout et ne comprend rien. » (lettre à Jacques Rivière, 9 novembre 1906).

Il faut dire qu'à la fin de l'année 1906, les poètes symbolistes auxquels Alain-Fournier avait voué un culte presque exclusif se trou-

Paul Claudel (1868-1955).

vent éclipsés par l'apparition d'un nouvel astre : Paul Claudel. Jacques Rivière a tenu à faire découvrir à son ami l'auteur de *Tête d'or* (1890) et de *Connaissance de l'Est* (1900). A dire vrai, Alain-Fournier le jugera d'abord « superbement incompréhensible » (lettre à Jacques Rivière, 22 janvier 1906). Mais l'émerveillement est déjà sous-jacent ; à propos de *Tête d'or* : « On pense à Shakespeare. Il en a la brutalité » ; à propos de *L'Echange :* « C'est très fort. » En février 1906, *Le Repos du septième jour* lui paraît cependant « laborieux », et il conclut : « Ce ne sera pas un de mes maîtres. » Mais, dès le 7 mars, Fournier revient sur ses dires, en affirmant : « Grand amour pour Claudel, plus grand à mesure que je le relis. » Et le 8 mai, il peut clamer : « Claudel est *mon* maître dans la mesure où je puis en avoir un. » Dès lors, il n'aura de cesse de célébrer l'« homme du moyen-âge », l'« homme primitif » qui est à la source du chantre des *Cinq Grandes Odes,* recueil majeur de l'année 1910 qui forcera l'admiration de tous les contemporains.

Grâce à Claudel, Alain-Fournier discerne combien le monde artificiel des symbolistes lui a caché la poésie véritable dont les figures de proue sont Mallarmé et Rimbaud. « C'est par Claudel que je suis arrivé à Mallarmé » confie-t-il le 15 décembre 1906 à Jacques Rivière. Après l'avoir longtemps pris pour « un classique attardé », Alain-Fournier s'aperçoit qu'il y a chez Mallarmé « des mots comme ceux de Claudel, qui d'un coup vont remuer ce qu'il y a de plus sourd et de plus lointain en moi ». Quant à Rimbaud, sa découverte par Alain-Fournier a été plus problématique. Le premier contact avec l'œuvre a lieu à Londres en septembre 1905, et Alain-Fournier n'y va pas par quatre chemins : « Pas plus tôt feuilleté que décidé à ne pas rester une minute de plus en aussi répugnante compagnie. » Et pourtant les proses d'*Illuminations* ne laissent pas Alain-Fournier indifférent. Le 23 septembre 1905, il les qualifie de « visions de dix lignes qui sont des accès de folie qu'on a peur de voir devenir contagieuse ». De la peur au désir, il n'y a qu'un pas qu'Alain-Fournier va très vite être tenté de franchir et qui instaurera certaine proximité de Rimbaud dans tous les projets de l'auteur. Lorsque Alain-Fournier écrit le 22 août 1906 : « Mon credo en art : l'enfance. Arriver à la rendre sans aucune puérilité, avec sa profondeur qui touche les mystères », il est difficile de ne pas songer à Rimbaud. Mais à la différence de Rimbaud dont l'art vise à communiquer à tout spectacle un aspect second, Alain-Fournier inventera, lui, « une manière de désorientation plus complète, plus sournoise, par la sympathie », si l'on accepte du moins le parallèle établi par Jacques Rivière dans sa préface à *Miracles*.

C'est encore Jacques Rivière qui incitera Alain-Fournier à découvrir l'œuvre d'André Gide. Fournier n'apprécie pas toujours « certaine rhétorique » des *Nourritures terrestres*, ce livre qui privilégie le culte de l'instant présent et du plaisir immédiat. Il reproche au « sensualisme » de Gide d'être « une fin et pas un moyen ». Mais la lecture de *Paludes*, en janvier 1907, convainc Fournier qui trouve le livre drôle et « le plus complet qui soit ». En juillet 1907, *L'Immoraliste* lui paraît avoir « un air de confession du siècle passé » et un « ton noble et douloureux d'autobiographie d'ancien gentilhomme ». Ce jugement est-il dépréciatif ? Non, car Alain-Fournier établit aussitôt une filiation avec le *Dominique* de Fromentin, un roman « aux silences pleins de mémoire » qui a ravi son adolescence et qui viendra irriguer les pages intenses de *Portrait*, texte publié le 1ᵉʳ septembre 1911 dans la *N.R.F.* André Gide est précisément le fondateur de cette *Nouvelle Revue française* qui, tout en faisant appel à Claudel, Jammes et Valéry, accueillera des jeunes comme Alain-Fournier, Saint-John Perse et Jacques Rivière. Rivière qui deviendra à son tour directeur de la prestigieuse revue, fréquente Gide dans sa maison normande de Cuverville et parle beaucoup de lui dans ses lettres à Alain-Fournier. Mais ce dernier apprécie assez peu le *Journal* de Gide que, le 13 septembre 1910, il juge « faiblard » et dont les « observations » lui semblent « quelconques ». Celui qui est en train de composer *Le Grand Meaulnes* se trouve déjà en rivalité implicite avec le romancier de *La Porte étroite*. Prévoyant qu'à la fin du *Grand Meaulnes* son

1915

André Gide (1869-1951), par Théo Van Rysselberghe.

héros retrouvera « Antigone » (manière de qualifier Yvonne), Alain-Fournier tient à confier à Jacques Rivière : ‹ Il y aura là un renoncement que je veux plus beau que celui de *La Porte étroite*. Parce qu'il ne sera pas sans raison. Parce que derrière ce geste de renoncement humain, on *sentira* tout le royaume de la joie conquise. › (lettre à Jacques Rivière, 28 septembre 1910). Alain-Fournier se pose ainsi en s'opposant à Gide à qui il en veut, de toute façon, de ne pas le reconnaître pleinement et de lui fermer souvent les portes vraiment étroites de la *N.R.F.* (Gide a notamment refusé d'y publier en 1909 *La Partie de plaisir*).

Charles Péguy (1873-1914).

A mesure qu'Alain-Fournier progresse dans l'écriture de son roman, il éprouve le besoin de se trouver des alliés substantiels. En 1910, il insiste sur « la partie simplement humaine » de son livre, appelée à lui donner des forces pour l'autre partie « imaginaire, fantastique ». Il doit opérer alors un savant dosage entre ces vases communicants, et il va s'entourer, pour ce faire, de la complicité de Marguerite Audoux et de Charles Péguy.

Marguerite Audoux vient de publier en 1910 son roman *Marie-Claire* où les paysans solognots vivent et parlent avec une simplicité qui permet d'oublier « l'Ame de la poésie symboliste, princesse mystérieuse, savante et métaphysicienne », ainsi qu'Alain-Fournier l'écrit dans la *N.R.F.* du 1er novembre. Fournier ira rendre visite à l'ancienne couturière devenue romancière, à Fronton, près de Toulouse, en septembre 1911. Quelques jours plus tôt, Fournier est allé à Luz-

Saint-John Perse (Alexis Léger) (1887-1975).

Saint-Sauveur où il a rencontré Alexis Léger, le futur Saint-John
Perse. Impressionné par la solennité naturelle du personnage, Alain-
Fournier l'a été tout autant par ses jugements littéraires « d'une jus-
tesse presque mystérieuse ». S'il s'est trouvé en accord avec lui pour
admirer Rimbaud, Laforgue et Claudel, il est en revanche moins certain que Saint-John Perse ait pleinement soutenu son visiteur lorsqu'il
lui exprima son souci de n'écrire que « sur de la réalité ». Dans une
lettre à Jacques Rivière du 9 septembre, Alain-Fournier confie : « Il a
eu l'air d'approuver. Il a dit : "C'est une grande sécurité..." »
    Alain-Fournier se sent de toute évidence plus à l'aise avec un écri-
vain comme Charles Péguy à qui il a adressé le 28 septembre 1910
une première lettre admirative.   lu avec enthousiasme *Notre jeunesse* et surtout le *Mystère de la c..... é de Jeanne d'Arc* où il discerne,
ainsi qu'il l'écrit à Jacques Rivière le 28 août 1910, un effort admira-

Maurice Barrès (1862-1923), par J.-L. Forain.

ble « pour faire *prendre terre,* pour qu'on voie *par terre,* pour qu'on touche *par terre,* l'aventure mystique ». Les deux hommes, originaires du centre de la France et issus du peuple, se lient fortement dès le mois d'octobre 1910 et se soutiennent avec toute la rigueur de la franchise. Pour Jacques Rivière, Charles Péguy – l'intransigeant directeur des *Cahiers de la Quinzaine,* engagé dans un incessant combat contre les riches – aura surtout appris à Alain-Fournier que « le surnaturel » est « immanent à la vie quotidienne » et que « l'Invisible est le vrai ». Le destin voudra que les deux amis disparaissent dès les premiers jours de la guerre : cruelle ironie.

Grand dévoreur de livres, Alain-Fournier commente souvent ses lectures dans sa correspondance. On le voit ainsi, tour à tour, vanter, à l'adresse de Jacques Rivière, le *Journal d'une femme de chambre* de Mirbeau, paru en 1900 : « C'est si brutal, que c'est beau, parfois. C'est grossier de toutes façons, volontairement, mais c'est rudement fort. » (lettre du 9 décembre 1905) ; *L'Ecornifleur* de Jules Renard :

André Suarès (1868-1948).

« C'est terriblement intelligent. Ça vous dissèque un bourgeois, une bourgeoise, un poète. [...] Il y a tels épisodes qui sont presque ceux que je traiterai dans ce que j'écrirai, mais j'ai toujours négligé la médiocrité évidente des acteurs pour la beauté du drame. » (lettre du 23 juin 1906) ; Colette dont les « *Claudine* » entament en 1900, avec *Claudine à l'école,* une carrière éblouissante : « C'est un chef-d'œuvre, c'est indéniable. Un chef-d'œuvre de naturel. » (lettre du 18 mai 1906).

Alain-Fournier suit également la production de ce chantre de la grandeur qu'est André Suarès. Jacques Rivière l'a immédiatement introduit à la *N.R.F.,* et Alain-Fournier appréciera beaucoup ses *Essais sur la vie,* lui écrivant le 22 septembre 1912 : « J'aime votre colère ! » En revanche, l'auteur du *Grand Meaulnes* aura moins de goût pour quelques œuvres remarquées du début de siècle, comme le *Bubu de Montparnasse* de Charles-Louis Philippe (« C'est mauvais. C'est le plus mauvais Maeterlinck réfléchissant sur la destinée des filles publi-

ques. ») ou *La Maternelle* de Léon Frapié, prix Goncourt 1904 :
« L'auteur n'est pas intéressant ; il ne pense qu'à disserter d'une façon
abstraite, obscure et prétentieuse. » (lettre à Jacques Rivière, le 1er
juillet 1907). Mais l'auteur auquel Alain-Fournier oppose la plus fa-
rouche résistance, c'est Maurice Barrès dont le roman *Sous l'œil des
Barbares* obtint en 1887 un vif succès. Le héros s'oppose aux confor-
mistes – les « Barbares » – pour ériger son « égotisme » en règle mo-
rale. Jacques Rivière est plein d'admiration pour Maurice Barrès et
cherche sur ce point le ralliement d'Alain-Fournier. Mais ce dernier ne
transige guère dans les bouillants échanges épistolaires de l'année
1905. Le 9 décembre, Alain-Fournier tranche définitivement : « Je
n'aime pas les *Barbares*. Ça me gèle. [...] Il prend de la vie pour
symboliser de la pensée ; ça ressort de sa théorie initiale même :
l'idéalisme – et alors je trouve ses symboles morts et glacés. » Alain-
Fournier prend ainsi très tôt position contre un idéalisme qui réduit la
vie à des symboles froids, alors que « la vraie vie est ailleurs », dans
un fantastique qui fonde les assises mêmes de la réalité. Dans un
brouillon du *Grand Meaulnes,* surgit cet étrange dialogue : « Vous
rappelez-vous l'Ile Mystérieuse, et cet homme inconnu qui possède
tous les secrets et toutes les richesses du monde, le capitaine Némo, je
crois, jouer tristement de l'orgue, au fond des mers.
   – Ainsi vous aimez encore Jules Verne ?
   – Je ne parle pas de Jules Verne, François, je veux parler de mon
enfance. »
   Alain-Fournier décèle chez Jules Verne des échos qui le renvoient à
sa propre enfance, et c'est là ce que l'auteur du *Grand Meaulnes*
recherche avant tout dans ses lectures.
   Le domaine des lectures d'Alain-Fournier ne se limite heureuse-
ment pas à la littérature française. Les romanciers anglais l'ont très
vite requis : Dickens qui a l'art de nous embarquer complètement
dans l'univers du héros de *David Copperfield :* « le monde du livre
n'est que le monde de ce petit garçon » (lettre à Jacques Rivière, le
13 août 1905) ; Thomas Hardy, auteur de *Tess d'Uberville,* drame
qui culmine dans « ce bonheur de la fin, écourté exprès, ce bonheur
après *trop* de douleur, et après le crime, ce bonheur qu'on tient dans
ses mains mais qu'on ne pourrait pas toucher et que, tout de même,
on est immensément et silencieusement heureux de savoir là » (lettre
à Jacques Rivière, le 22 janvier 1906), auteur également de *Jude
l'Obscur :* « Cela vous ravage le cœur [...] de quelle terreur n'entoure-
t-il pas ce premier amour, ce premier mariage qui doit être, fatale-
ment, comme par une volonté mystique, l'unique. » (lettre à Jacques
Rivière, le 26 janvier 1907). Alain-Fournier aime aussi la poésie et le
tragique de *La Guerre des mondes* de Wells, mais en 1911, il prend

Illustration de *David Copperfield* de Charles Dickens.

Illustration de *Tess d'Urberville* de Thomas Hardy.

Illustration de *20 000 lieues sous les mers* de Jules Verne.

ses distances : « Je lis par fatigue *Place aux géants* de Wells. C'est bien mauvais. Ses procédés sont fatigants [...] Je n'aime la merveille que lorsqu'elle est étroitement *insérée dans la réalité.*» (lettre à Jacques Rivière, le 1ᵉʳ septembre 1911). Fournier préfère alors Stevenson, l'auteur de *L'Ile au trésor* et de *Catriona,* dont les héros en mouvement et entraînés par un goût du risque fondé sur le refus des conditions normales de la vie, viennent « nourrir en lui la veine d'où allait sortir le personnage de Frantz de Galais » – s'il faut en croire Jacques Rivière dans sa préface à *Miracles.*

Et puis – découverte capitale – Alain-Fournier a lu, grâce à Rivière alerté lui-même par André Gide, *L'Idiot* de Dostoïevski. Fournier

Dostoïevski en 1847.

Jacques Copeau et les acteurs de sa troupe du Vieux-Colombier.
A gauche, assis, Charles Dullin ;
debout, le 2ᵉ en partant de la droite, Louis Jouvet ;
au centre, avec un chapeau, Blanche Albane.

écrit le 3 mars 1905 : « Je poursuis dans ce livre, une émotion plus profonde, une notion plus subtile, et comme un sens nouveau que j'appellerai le "tact de l'âme". » Le 21 juillet 1911, à la lecture de *L'Adolescent,* il se dit gagné « par la fièvre » et fasciné par le héros « parti pour faire le mal, et, au milieu même du mal, agissant comme un grand saint héroïque ». Dostoïevski découvre à Alain-Fournier les abysses de cette culpabilité qui tenaille ses héros et qui rejoint le sentiment de faute dont Meaulnes se sentira assailli à la fin du roman. *Les Frères Karamazov* viennent justement d'être représentés, en avril 1911, au théâtre des Arts dans l'adaptation de Jacques Copeau et Jean Croué, avec Charles Dullin parmi les interprètes.

Mme Simone dans *Chanteclerc.*

M. Giraldont.   Mme Gète Jacein.   M. Bouvrat. M. Andri Besville.   Mme et Mme Babin.   M. J. Guillemot. M. Carrière. M. Bijarello-Boonetti. M. Prajaut. M. Grîs. M. Polpot.   M. Georges Caïn.   M. Jules Clarelle. Mme Georges Caïn. M.
Mme A. Roty.   Mme et Mme Théodore Rivière.   Mme Jacret.   Mme Lumivière.

LE JOUR DU VERNISSAGE AU SALON DES

Vernissage au Grand-Palais en 1900.

Le Roi Cophetua et la Jeune Mendiante, par Burne-Jones.

Fournier, pourtant peu enclin à fréquenter les théâtres, voit la pièce plusieurs fois et se lamente de son insuccès. Avec Jacques Rivière, Alain-Fournier soutient Jacques Copeau qui est de sept ans leur aîné. Copeau qui a fait partie du premier groupe de *La Nouvelle Revue française* en 1909 (avec Gide, Schlumberger et André Ruyters), qui l'a ensuite délaissé pour adapter au théâtre *Les Frères Karamazov*, reviendra en 1912 à la *N.R.F.* avec le titre de directeur – Jacques Rivière devenant son secrétaire de rédaction. C'est par l'entremise de Rivière, ‹ protégé › de Copeau dès 1909, qu'Alain-Fournier connaîtra et appréciera celui qui en 1913 fondera le théâtre du Vieux-Colombier avec le désir d'y promouvoir une véritable ‹ rénovation dramatique ›. Mais Alain-Fournier que préoccupe avant tout l'élaboration définitive du *Grand Meaulnes* n'a guère la fibre théâtrale. Et s'il fréquente un peu plus les théâtres à la fin de sa brève existence, c'est simplement parce que l'actrice Simone est entrée dans sa vie. Celle-ci a joué dans la célèbre pièce *Chantecler* d'Edmond Rostand en 1910, et peut-être Alain-Fournier a-t-il assisté à l'une des représentations de cette œuvre où l'auteur de *Cyrano de Bergerac* voulait donner voix aux animaux. En 1913, Simone jouera dans *Le Secret* de Bernstein, et c'est elle qui semble avoir donné à Alain-Fournier, au début de la fatale année 1914, une idée de pièce : *La Maison dans la forêt* qui devait raconter comment un homme déçu par l'amour rencontre finalement une véritable jeune fille. Alain-Fournier n'aura pas le temps de la mener à bien.

Bien davantage que le théâtre, les arts plastiques ont toujours retenu l'attention de l'auteur du *Grand Meaulnes*. La rencontre avec Yvonne de Quièvrecourt, le jour de l'Ascension 1905, a lieu au sortir du XVᵉ Salon de la Société Nationale des Beaux-Arts qui se tient au Grand-Palais, et une sorte de fusion entre l'apparition réelle de la jeune fille et une rêverie toute picturale semble insensiblement avoir joué. Il est en tout cas certain qu'Alain-Fournier a beaucoup fréquenté les musées londoniens au cours de l'été 1905 – comme pour conserver le charme du parfum pictural qui a présidé à la ‹ Rencontre › de l'Ascension. Alain-Fournier visite la National Gallery où son ‹ grand emballement, c'est *la Valley Farm* de John Constable et surtout Turner › (lettre à Jacques Rivière, le 23 juillet 1905) et son *Approach to Venice*. Mais les plus grandes émotions, Fournier va les connaître à la Tate Gallery où son goût pour le symbolisme trouve son expression idéale dans les toiles des ‹ préraphaélites › Millais, Watts, Burne-Jones *(Le Roi Cophetua et la jeune mendiante)* et Rossetti. Dans sa petite chambre de travail parisienne, Alain-Fournier épinglera une reproduction de la *Beata Beatrix* de Rossetti. Ce tableau lui procure le 9 novembre 1906 un trouble dont il tient à parler à Jacques Rivière :

« J'ai revu en rentrant ici le portrait idéal de la *Beata Beatrix* par Rossetti et l'impression idéalement exquise m'a immédiatement, inconsciemment et invinciblement suggéré les bords du Cher, que je n'ai pas vus depuis dix ans, avec leurs déserts de saules et de vase. Comment dire cela ? C'est vertigineusement particulier. Cette odeur sauvage et unique et brutalement réelle et le regard idéal de Béatrix c'était, c'est encore tout un pour moi, pour je ne sais quelle fibre de mon cœur. » Instant de grâce où le réel et l'idéal s'épousent...

Beata Beatrix de Dante Gabriele Rossetti.

André Lhote (1885-1962).

Alain-Fournier ira visiter régulièrement les deux grands Salons qui ponctuent chaque année la vie artistique parisienne : le Salon des Indépendants et le Salon d'Automne. Du Salon d'Automne 1905, il retient les Carrière « bien beaux », mais si les Manet l'intéressent, c'est « sans plus ». Les Vuillard lui paraissent des « toiles – tapisseries », tandis qu'un « tout petit tableau (de G. Decote), une *pianiste,* le dos tourné, blonde, un grand manteau marron » le trouble profondément : c'est l'Yvonne de la « Fête étrange » qui se profile déjà... De sa visite au Salon des Indépendants en 1906, il revient enchanté par les œuvres de Maurice Denis : « Comment dire l'impénétrable charme de tout cela, de la douce lumière mystérieuse de tout cela. »

La réflexion d'Alain-Fournier sur la peinture de son temps va se trouver bientôt aiguisée par ses rencontres avec André Lhote qui, devenu d'abord l'ami de Jacques Rivière, deviendra ensuite le sien pro-

Gabriel Frizeau.

pre. Jacques Rivière a fait la connaissance du peintre André Lhote en 1906, à Bordeaux, chez Gabriel Frizeau. Ce riche amateur d'art qui possède des propriétés vinicoles dans le Bordelais s'entoure de tableaux de Gauguin, d'Odilon Redon et reçoit beaucoup de jeunes créateurs. C'est chez Frizeau que Rivière rencontrera Alexis Léger et entendra parler de Claudel à qui il aura bientôt l'audace d'écrire. Gabriel Frizeau incarne donc le personnage providentiel qui ouvre à Jacques Rivière, revenu quelques années à Bordeaux, de multiples horizons dont Alain-Fournier profitera à son tour.

Dans le Paris de 1910 où Alain-Fournier s'attache à donner forme à son roman, son intérêt créateur se porte de façon aiguë sur la sculpture. En mars, à l'occasion d'une cérémonie en l'honneur du peintre Carrière, qui a lieu chez Rodin, Alain-Fournier est heureux de rencontrer le sculpteur qu'il admire, même si le personnage ne lui fait pas grande impression : « Rodin, petit vieillard. Visage où la bestialité et la majesté combattent. Jupiter marchand juif. » Alain-Fournier rencontre également Bourdelle et décide d'aller assister peu après à une

Rodin au travail, par Bourdelle.

leçon du maître. Le romancier en sort médusé : « Bourdelle ne dit pas grand-chose, et reste très obscur, mais on le voit mettre la main à la pâte [...] Jamais je n'aurais imaginé qu'on travaillât la terre ainsi. Des petits rouleaux de terre qu'on se passe dans les mains comme de la mie de pain et qu'on rajoute indéfiniment. »

La création telle qu'elle s'exprime alentour n'aura donc cessé de requérir Alain-Fournier, de le solliciter, de le provoquer dans ce « Paris début de siècle » où l'approche de la guerre semble décupler les énergies, électriser les intuitions, tout en attisant, comme préventivement, de secrets sentiments de mélancolie. Venu de son Berry natal, Alain-Fournier aura finalement découvert à Paris les armes intellectuelles et sensibles les plus propices à ressusciter son enfance. Et c'est là qu'il aura été le mieux à même de saisir les richesses du « rêve entendu comme l'immense et imprécise vie enfantine planant au-dessus de l'autre et sans cesse mise en rumeur par les échos de l'autre ».

Daniel LEUWERS

SILHOUETTES

Alain-Fournier exerça quelque temps le métier de journaliste, d'abord à *Paris Journal* où il tint une chronique littéraire de 1910 à 1912, puis à *L'Intransigeant* où il s'exerça en 1913 à des portraits ou « Silhouettes » d'hommes et de femmes de lettres. En voici quelques spécimens.

PAUL CLAUDEL

Il faut bien vite cerner de traits précis cette figure qui va devenir légendaire. « Il n'y a pas eu, il n'y aura jamais de génie plus grand que Paul Claudel. » (Fr. Jammes)

Gentilhomme campagnard. Noter son accent soissonnais — appuyé dur.

Administrateur de haute valeur. « Une cure de force humaine. » L'anecdote de Jammes : « C'est un homme admirable, et quel écrivain !

— Ah, monsieur, il n'y en a pas un comme lui pour faire un rapport ! »

JACQUES RIVIERE

Vous avez déjà rencontré ce grand garçon un peu gauche, au visage largement taillé, aux yeux ardents. C'était à un concert russe, à une matinée debussyste, ou encore à quelque galerie d'art moderne, fauve, voire cubiste... Partout où vous avez découvert quelque chose de nouveau à aimer, de difficile à comprendre, vous avez dû rencontrer aussi Jacques Rivière.

Il a la passion de comprendre. Critique, il emploie tout son cœur et toute sa patience à aimer son auteur comme il « veut » être aimé. Il s'efforce, pour cela, de recréer l'œuvre qu'il étudie, de recommencer « le geste créateur », de reprendre son attitude... Ce n'est pas là de la critique de tous les jours... Claudel a dit, une fois, de Jacques Rivière qu'il était « presque le lecteur idéal, celui auquel le poète pense en écrivant... » Et Péguy, que « c'était une bonne affaire de lui tomber entre les mains... »

Ajoutons que Jacques Rivière n'est pas voué à la critique. Il est un des jeunes de qui l'on attend le roman de demain, – vous savez, ce roman qui ne sera plus « chanté », qui ne sera plus un livre de « proses », mais où simplement, loyalement, tragiquement, on racontera une histoire. (1912).

CHARLES PEGUY

On le découvre au fond du magasin des *Cahiers de la Quinzaine,* rue de la Sorbonne. Myope et affairé, il a le front têtu d'un boutiquier paysan. Il donne l'impression d'être vêtu de bure, peut-être parce que ses vêtements sont pauvres, mais surtout parce qu'il est ardent et passionné comme un apôtre.

Ce sont des idées qu'il vend dans sa boutique, des idées qui l'enfièvrent, l'usent et le ruinent.

Lorsqu'il en découvre une, il se fait professeur pour la mieux expliquer. Il s'enivre alors de sa propre intelligence. Il accumule les démonstrations, comme Rabelais aligne par colonnes les épithètes. Et, au besoin, pour plus de clarté, comme un professeur, il ne craint pas d'aller jusqu'au mot qui fait rire.

Pour mieux montrer les cent aspects de son idée, il se fait aussi poète. Il se fait visionnaire. Et venant à parler de batailles, dans un avertissement célèbre, *à nos amis, à nos abonnés,* il évoque, en quatre pages irrésistibles Wagram – *Wagram, ce brûlant soleil. Cette poussière...*

Pour l'instant, il a entrepris de montrer qu'il y eut des mystiques en France, en 1895 comme en 1425. Ce fut, en 1425, Jeanne d'Arc ; en 1895, l'affaire Dreyfus... Il vient d'écrire, sur cette idée, deux discours qui sont aussi deux Chroniques : *Notre jeunesse* et *le Mystère de la charité de Jeanne d'Arc.* Or ce mystère n'est que le premier d'une immense série : « Il y en aura pour le moins, dit-il, douze comme cela... » Et nous ne nous en lasserons pas. Nous les avalerons jusqu'au dernier, comme autant de rudes gorgées d'enthousiasme !

LÉON-PAUL FARGUE

La période légendaire de la vie de Léon-Paul Fargue a duré près de quinze ans. Pendant quinze ans, on n'a connu de lui qu'un vers insolite :

Les capitaines vainqueurs ont une odeur forte

et ce début mystérieux d'une plaquette introuvable :

Ah ! disait la petite prostituée en rouge...

On le rencontrait, barbu, silencieux et immuable comme un dieu terme, aux environs des Halles ou de quelque grand bar. Il était bien connu des escarpes et révéré des poètes symbolistes.

Aujourd'hui Léon-Paul Fargue a fait couper sa barbe, et il est entré dans l'histoire — littéraire — en publiant un volume de *Poèmes* en prose, dont Henri de Régnier, aux *Débats,* fit le plus bel éloge. A la ville c'est maintenant un dandy bon enfant, grand chercheur de formules pittoresques et de cravates inattendues. Dans le privé, c'est un céramiste épris de son métier, qui s'efforce, avec ses collaborateurs, de réaliser l'adhérence parfaite de l'émail sur le métal. En littérature, Léon-Paul Fargue est un poète de la lignée de Rimbaud — et nous n'en connaissons pas trois qui soient dignes de ce titre. (1912).

MARGUERITE AUDOUX

Elle a quarante ans passés. Elle est petite et lourde. Avec de beaux yeux limpides aux paupières légèrement bridées et plissées. Mais il y a tant de bonté sur son visage qu'on ne s'aperçoit pas d'abord de sa beauté, de la régularité parfaite de ses traits.

Elle habite, rue Léopold-Robert, une petite chambre où tiennent tout juste son mannequin de couturière, sa planche à repasser et sa table à écrire. Elle est pauvre et, pourtant, elle a, comme un de ses personnages – sœur Désirée des Anges –, « une gaieté fine, qui ne s'altère jamais... »

On lui a fait beaucoup d'éloges de sa *Marie-Claire* où il y a tant de bonté, de simplicité et de grandeur ; mais lorsque le compliment dépassait, à son goût, la mesure, elle riait discrètement et elle disait avec l'accent du Berry : « Oh ! oh ! mais cela va devenir terrible. »

Lorsqu'on lui parle littérature, elle raconte modestement tout le mal qu'elle a pour écrire et elle dit volontiers de son livre comme d'un travail ordinaire : « J'ai eu bien du mal à ajuster tout cela ! » Elle aime surtout à parler, comme au village, de ses amis, de ses ennemis, des misères qu'on lui fait. C'est à peine si, chez elle, on se croit encore à Paris. On s'imagine être chez une de ces bonnes ménagères au visage amical comme il y en a dans les bourgs du centre de la France. Et au départ, elle vous enlève un fil blanc sur votre manche en disant : « Attendez ! On verrait que vous avez été chez une couturière. Qu'est-ce qu'on dirait dans le pays ? »

C'est la première fois en France qu'une couturière écrit. On a beaucoup admiré cette singularité sans songer qu'il était plus singulier encore de voir une femme écrire un livre très simple et très pur. Nous étions déshabitués en effet de trouver dans les œuvres des femmes de lettres les plus précieuses des vertus féminines.

BERNARD COMBETTE

Les cheveux rejetés en arrière, les tempes découvertes, les paupières légèrement bridées, un fin profil de jeune pirate chinois. A trente ans, Bernard Combette a parcouru le Congo et la Chine : il a dormi dans la forêt équatoriale, à soixante jours de marche de tout lieu habité ; il a vu des endroits de la terre qui n'ont pas bougé depuis le jour de la création ; il a vu comme dans *Robinson,* des batailles anthropophages ; et, dans la case du roi Massoumbou, sur les rives de l'Oubanghi, il a vu le trésor du chef, qui était un miroir à trois faces des « Galeries Lafayette ».

Maintenant, Bernard Combette s'est retiré dans la banlieue de Paris pour vivre en paix avec ses souvenirs. Son unique désir est de repartir bientôt, sur un bateau marchand, comme mousse, comme capitaine ou comme cuisinier... n'importe, pourvu qu'il reparte ! En attendant, il décrit ce qu'il a vu avec une précision, une émotion, une sobriété extraordinaires. Son livre, *Des Hommes...,* nous apporte, comme peu de récits de voyages l'ont fait jusqu'ici toute la beauté et aussi toute l'horreur des pays tropicaux, pour lesquels l'Européen n'est pas fait.

Bernard Combette n'aura d'ailleurs, sans doute, aucun des prix littéraires de l'année. « Je ne suis pas, dit-il lui-même, un homme de lettres, mais un petit épicier du Congo. » Or, Arthur Rimbaud, épicier au Harrar, aurait-il eu le Prix Goncourt ? (1912).

MICHEL YELL

Un grand jeune homme maigre, un peu voûté, aux yeux d'acier, à la moustache blonde. Il a la voix âpre et brève, le geste automatique. A Paris, comme Charles-Louis Philippe, dont il fut l'un des meilleurs amis, il a connu jusqu'à ces dernières années la vie morne et encagée du bureau. Puis une place de fonctionnaire, dans une petite ville du Midi, lui a laissé quelques loisirs pour écrire ce qu'il voulait écrire. Maintenant il travaille en paix, avec lenteur.

Il construit des personnages un peu automatiques mais singulièrement animés. Il grave d'étranges paysages nocturnes traversés de lueurs. Alsacien d'origine, il aime à situer dans des atmosphères de légende des âmes étudiées avec une acuité presque cruelle. Et nous qui faisions récemment l'éloge de son *Cauët,* nous aurons bientôt à parler sans doute des *Gnomes de l'Or* ou de tel grand drame wagnérien que Michel Yell prépare dans la solitude. (1912).

JULIEN BENDA

Il a le visage allongé et pâle, le long nez de Blaise Pascal, — les yeux gonflés par les veilles du portrait de Descartes, par Franz Hals... Si sa biographie comporte une période de « vie mondaine », lui-même ne veut plus s'en souvenir que pour en sourire. Depuis trois ans, il s'est enfermé dans un « poêle ». Ses amis les plus intimes disent, en parlant de lui, « Monsieur Benda », comme on disait M. de Saci, M. Arnauld ou M. Singlin. Il médite, il écrit : *Le Dialogue d'Eleuthère, Mon premier testament, Une philosophie de la mobilité : le Bergsonisme, l'Ordination,* — tous ouvrages dont « l'esprit », la fermeté de style, la vigueur de pensée ont forcé l'attention et l'estime.

De la « période mondaine », Julien Benda a gardé la diction lente, précieuse et appuyée d'un habitué des salons qui sait se faire écouter ; un don extraordinaire pour les mots à pointes ; un goût avoué pour la célébrité... Goût que flattera peut-être l'Académie Goncourt. (1912).

JEROME K. JEROME

Un prince de l'humour quasi inconnu chez nous. L'Angleterre le considère comme l'un de ses écrivains les meilleurs et les plus joyeux ; en France un seul livre de lui a été traduit : *Trois hommes dans un bateau,* et encore !... dans la Bibliothèque des mères de famille. Il a fait tous les métiers. Il fut acteur, maître d'école. Il a aujourd'hui cinquante-quatre ans, et considère d'un œil réjoui son œuvre considérable. Dans *Paul Kelver,* on croit qu'il a écrit son autobiographie. Et c'est un livre d'une irrésistible gaîté, de cette gaîté anglaise qui est saine, n'exclut jamais l'ironie et qui lui a fait publier son *Tommy and C°,* une série d'études sur les mœurs journalistiques de son pays.

On nous a fait connaître Kipling, Wells, Conrad. Il conviendrait que nous puissions prendre notre part du savoureux comique de ce frère de Mark Twain. (1912).

JACQUES ROUCHÉ

Très brun encore, soigné, décoré, la barbe taillée comme une haie dans un jardin de Lenôtre, il accueille les jeunes et les vieux du même air courtois et accablé. Il ne fait pas de différence entre un académicien et un débutant, – et c'est très bien ! – pas plus qu'entre un homme de génie et un homme de... bonne volonté. Ceci est plus inquiétant ! C'est même le seul défaut de « *La Grande Revue* » qu'il dirige : on n'y a pas assez le sens de la hiérarchie véritable.

N'importe ; Jacques Rouché à plus d'un titre a l'estime des gens de goût. Il a fait connaître au public plusieurs œuvres remarquables, entre autres *Marie-Claire*. Il a écrit un livre excellent qui marque une réaction nécessaire contre le goût du bibelot au théâtre et le vérisme exagéré des peintres décorateurs. Ajoutons qu'il sacrifie chaque année des sommes fabuleuses dans le seul intérêt de l'art et de la littérature. Il s'est fait ainsi beaucoup d'obligés, c'est-à-dire beaucoup d'ennemis. Et le nombre de ses détracteurs ne cessera de grandir jusqu'au jour où le succès sourira enfin à cet homme courtois et accablé... (1912).

LE

GRAND MEAULNES

« A ma sœur Isabelle. »

PREMIÈRE PARTIE

Frontispice de l'édition française de *l'Ile au trésor* de Stevenson, publiée par Hetzel.

« Mon livre sera un livre d'aventures... »
(Lettre à André Lhote)

Epineuil. Vue prise du grenier de l'école.

« ... cette demeure où s'écoulèrent les jours les plus tourmentés et les plus chers de ma vie – demeure d'où partirent et où revinrent se briser, comme des vagues sur un rocher désert, nos aventures. »

I, 1

Epineuil, la Grande Rue.

« Le hasard des "changements", une décision d'inspecteur ou de préfet nous avait conduits là. »

I, 1

L'école d'Epineuil. Photo Alain-Fournier.

‹ Nous habitions les bâtiments du Cours Supérieur de Sainte-Agathe... Une longue maison rouge, avec cinq portes vitrées, sous des vignes vierges, à l'extrémité du bourg... ›

I. 1

Madame Fournier.

La classe d'Isabelle à Epineuil.

Monsieur Fournier.

‹ Mon père, que j'appelais M. Seurel, comme les autres élèves, dirigeait à la fois le Cours Supérieur, où l'on préparait le brevet d'instituteur, et le Cours Moyen. ›

I, 1

Ecole Maternelle (détail) par **G. Geoffroy.**

‹ Ma mère faisait la petite classe. ›
I, 1

Les enfants d'Epineuil. Photo Alain-Fournier.

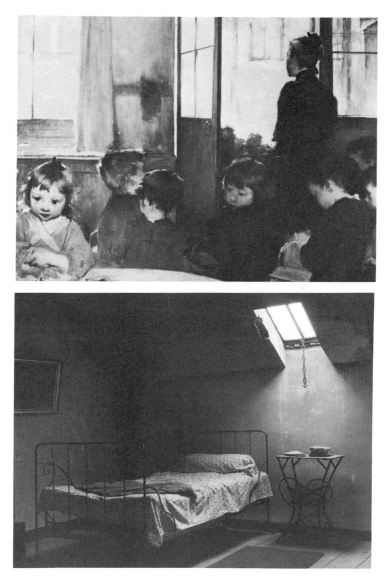

Epineuil, la mansarde.

« Et si j'essaie d'imaginer la première nuit que je dus passer dans ma mansarde, au milieu des greniers du premier étage, déjà ce sont d'autres nuits que je me rappelle ; je ne suis plus seul dans cette chambre ; une grande ombre inquiète et amie passe le long des murs et se promène. »

I, 1

‹ Quant à moi, coiffé d'un grand chapeau de paille à rubans... ›

                                                                    I, 1

‹ ... je me rappelle que Millie, qui était très fière de moi, me ramena plus
d'une fois à la maison, avec force taloches, pour m'avoir ainsi rencontré, sau-
tant à cloche-pied, avec les garnements du village. ›

                                                                    I, 2

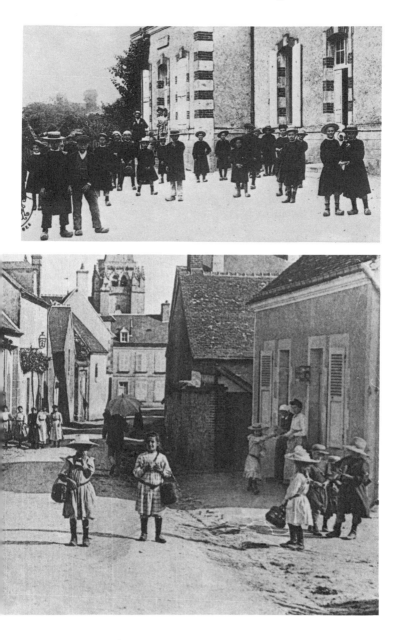

Une classe en 1900 : la dictée.

Tableau de Guillaume Larrue (détail). Salon de 1903.

‹ Avant sa venue, lorsque le cours était fini, à quatre heures, une longue soirée de solitude commençait pour moi... Mais quelqu'un est venu qui m'a enlevé à tous ces plaisirs d'enfant paisible. Quelqu'un a soufflé la bougie qui éclairait pour moi le doux visage maternel penché sur le repas du soir. Quelqu'un a éteint la lampe autour de laquelle nous étions une famille heureuse. ›

I, 2

« De temps à autre dans la rue, passait une dame du village, la tête baissée à cause du vent, qui revenait de chez le boucher, et nous levions le nez pour regarder qui c'était. »

I, 3

« Personne ne disait rien. Le maréchal et son ouvrier, l'un soufflant la forge, l'autre battant le fer, jetaient sur le mur de grandes ombres brusques... Je me rappelle ce soir-là comme un des grands soirs de mon adolescence. »

I, 3

La grand-mère Fournier, née Charpentier.

« Tous les ans, nous allions les chercher quelques jours avant Noël, à la Gare, au train de 4 h 2. »

I, 3

‹ Mais il est trop tard. Le Grand Meaulnes s'est évadé... Dans la rue du bourg, les gens commencent à s'attrouper. ›

I, 4

‹ Un pied sur le devant, dressé comme un conducteur de char romain, secouant à deux mains les guides, il lance sa bête à fond de train et disparaît en un instant de l'autre côté de la montée. ›

I, 4

(Photo Marc Robin, tirée du film de Gabriel Albicocco).

Les habitations des bords ...
Le déjeuner du paysan

« Notre voyageur, ravi de se trouver dans cette humble maison après tant d'inquiétudes, pensant que sa bizarre aventure était terminée, faisait déjà le projet de revenir plus tard avec des camarades revoir ces braves gens. »

I, 9

Dessin de Millet.

« L'endroit où il se trouvait était d'ailleurs le plus désolé de la Sologne. De toute la matinée, il ne vit qu'une bergère, à l'horizon, qui ramenait son troupeau. Il eut beau la héler, essayer de courir, elle disparut sans l'entendre. »

Oizon. Château de la Verrerie.

Méry-ès-Bois. Château de Loroy.

Yvoy-le-Pré. Le Château.

Epineuil-le-Fleuriel. Château de Cornançay.

Le Sacre du Printemps. Musique de Stravinsky, chorégraphie de Nijinsky. Quelques-uns des mouvements notés en 1913 par Valentine Hugo.

Boutet de Monvel, *Vieilles Chansons pour les petits enfants.*

‹ Il s'agit d'une noce, sans doute, se dit Augustin. Mais ce sont les enfants qui font la loi, ici ? Etrange domaine ! ›

I, 11

‹ Dans les couloirs s'organisaient des rondes et des farandoles. Une musique, quelque part, jouait un pas de menuet. ›

I, 14

Paul en pierrot par Picasso.

‹ – Moi, fait le plus petit, qui a une tête ronde et des yeux naïfs, maman m'a dit qu'elle avait une robe noire et une collerette et qu'elle ressemblait à un joli pierrot. ›

I, 13

Pierrot par Auguste Macke.

‹ Lui aussi, gagné par le plaisir, il se mit à poursuivre le grand pierrot à travers les couloirs du Domaine, comme dans les coulisses d'un théâtre où la pantomime de la scène se fût partout répandue. ›

I, 14

Illustration de Kate Greenaway.

« Il entra dans une pièce silencieuse qui était une salle à manger éclairée par une lampe à suspension. Là aussi c'était fête, mais fête pour les petits enfants. »

I, 14

L'Enfance par Sins.

‹ Il se trouva ainsi mêlé jusqu'à la fin de la nuit à une foule joyeuse. ›

La Leçon de musique par **Fragonard**.

‹ Il lui sembla bientôt que le vent lui portait le son d'une musique perdue. C'était comme un souvenir plein de charme et de regret. Il se rappela le temps où sa mère, jeune encore, se mettait au piano l'après-midi dans le salon, et lui, sans rien dire, derrière la porte qui donnait sur le jardin, il l'écoutait jusqu'à la nuit... ›

Tête de jeune fille. **Dessin attribué à Watteau.**

‹ Alors ce fut un rêve comme son rêve de jadis. Il put imaginer longuement qu'il était dans sa propre maison, marié, un beau soir, et que cet être charmant et inconnu qui jouait du piano, près de lui, c'était sa femme... ›

I, 14

Alain-Fournier au Lycée Lakanal en 1905.

‹ Il s'aperçut lui-même reflété dans l'eau, comme incliné sur le ciel, dans son costume d'étudiant romantique. Et il crut voir un autre Meaulnes ; non plus l'écolier qui s'était évadé dans une carriole de paysan, mais un être charmant et romanesque, au milieu d'un beau livre de prix... ›

I, 15

Programme de *Pelléas et Mélisande* par Maurice Denis, au
Théâtre des Bouffes.

Illustration du *Grand Meaulnes* par Berthold Mahn.

‹ Avec quel émoi Meaulnes se rappelait dans la suite cette minute où, sur le bord de l'étang, il avait eu très près du sien le visage désormais perdu de la jeune fille ! ›

I, 15

La Seine au Pont des Saints-Pères.

‹ Un grand silence régnait sur les berges prochaines. Le bateau filait avec un bruit calme de machine et d'eau. ›

I, 15

Pelléas et Mélisande. **Décor de l'Acte II.**

‹ Meaulnes se trouva près d'elle sans avoir eu le temps de réfléchir.
"Vous êtes belle", dit-il simplement. ›

I, 15

‹ Le nom que je vous donnais était plus beau. C'est Mélisande que je voulais
dire. › *(Images d'Alain-Fournier).*

Berges de la Seine.

‹ Le bateau ne va pas tarder, maintenant, je pense ? Et Meaulnes les suivit. ›

I, 15

Paris. Eglise Saint-Germain-des-Prés.

‹ Elle fait signe et s'élance. Je prends ma course et me jette derrière elle. A Saint-Germain-des-Prés, elle descend. Je descends. › *(Images d'Alain-Fournier).*

Frontispice pour *La Damoiselle élue* **par Maurice Denis.
Mélodie de Debussy sur un poème de Rossetti.**

La Lecture **par Fragonard.**

‹ On entendait dans la pièce attenante jouer du piano. Meaulnes avança curieusement la tête. C'était une sorte de petit salon parloir. ›

I, 14

La damoiselle élue

« Une à une les voitures s'en allaient ; les roues grinçaient sur le sable de la grande allée. Et, dans la nuit, on les voyait tourner et disparaître, chargées de femmes emmitouflées, d'enfants dans des fichus, qui déjà s'endormaient. »

I, 17

L'Allée ombreuse. **Dessin de Fragonard.**

« D'autres promeneurs couraient, jouaient à travers les avenues, chacun errant à sa guise, conduit seulement par sa libre fantaisie. »

I, 15

DEUXIÈME PARTIE

Paysage de Sologne.

« Le grand vent et le froid, la
pluie ou la neige, l'impossibilité
où nous étions de mener à bien
de longues recherches nous
empêchèrent, Meaulnes et moi,
de reparler du Pays perdu avant
la fin de l'hiver. »

II, 1

115. - EPINEUIL (Cher). - Place de l'Eglise

Epineuil. Place de l'Eglise.

‹ Ça pourrait bien être des bohémiens, avançait-il. Depuis bientôt un mois qu'ils sont sur la place, à attendre le beau temps pour jouer la comédie, ils ne sont pas sans avoir organisé quelques mauvais coups. ›

II, 1

Tzigane à la guitare par Derain.

‹ Ce costume noir, cet air blessé, étrange et brave,...
... un très fin, très aquilin visage sans moustache. Pâle, les lèvres entr'ouvertes... c'était, tel que me l'avait décrit minutieusement le Grand Meaulnes, le fiancé du Domaine inconnu. ›

II, 6-7

Pierrot par Picasso.

« Enfin glissa lentement, entre les rideaux, la face sillonnée de rides, tout
écarquillée tantôt par la gaîté tantôt par la détresse, et semée de pains à
cacheter ! – d'un long pierrot en trois pièces mal articulées. »

II, 7

« Quant à moi, je me trouvais, pour la première fois depuis de longs mois, seul en face d'une longue soirée de jeudi – avec l'impression que, dans cette vieille voiture, mon adolescence venait de s'en aller pour toujours. »

II, 10

« Meaulnes marchait de long en large, allait auprès des fenêtres, regardait dans le jardin, puis revenait et regardait vers le bourg, comme s'il eût attendu quelqu'un qui ne viendrait certainement pas. »

II, 9

(Photo Marc Robin, tirée du film de Gabriel Albicocco).

« Meaulnes parti, je n'étais plus son compagnon d'aventures, le frère de ce chasseur de pistes ; je redevenais un gamin du bourg pareil aux autres. Et cela était facile et je n'avais qu'à suivre pour cela mon inclination naturelle. » II, 11

« Nous sommes maintenant dans l'arrière boutique, chez la bonne femme qui est en même temps épicière et aubergiste. »   II, 11

‹ Tu sais, dit Jasmin, en regardant Boujardon, et en secouant la tête à petits coups, j'ai rudement bien fait de le dénoncer aux gendarmes. En voilà un qui aurait fait du mal au pays et qui en aurait fait encore. ›   II, 11

Illustration pour *Le Grand Meaulnes* de Gaston Barret.

« Cette fois tout espoir est perdu. Je le sais depuis hier soir. La douleur que je n'avais presque pas sentie tout de suite, monte depuis ce temps. Tous les soirs, j'allais m'asseoir sur ce banc, guettant, réfléchissant, espérant malgré tout. »

TROISIÈME PARTIE

« Nous nous déshabillâmes et rhabillâmes dans les saulaies arides qui bordent le Cher. Les saules nous abritaient du regard mais non pas du soleil. Les pieds dans le sable et la vase desséchée, nous ne pensions qu'à la bouteille de limonade de la veuve Delouche... » III, 1

NANÇAY. – Route de Souesmes

« Au Vieux-Nançay, qui était la commune du domaine des Sablonnières, habitait toute la famille de M. Seurel et en particulier mon oncle Florentin, un commerçant chez qui nous passions parfois la fin de septembre. »

III, 2

101. NANÇAY (Cher) — Rue Centrale

Ed. Leroy

‹ Le Vieux-Nançay fut pendant très longemps le lieu du monde que je préférais, le pays des fins de vacances. ›

III, 2

‹ Et sitôt arrivé, je me perdais et m'ébattais parmi les oncles, les cousines et les cousins... ›

III, 2

‹ Nous descendions chez l'oncle Florentin et la tante Julie, qui avaient un garçon de mon âge, le cousin Firmin, et huit filles dont les aînées, Marie-Louise, Charlotte, pouvaient avoir dix-sept et quinze ans. ›

III, 2

« Les petites filles, déjà levées, couraient, criaient, se passaient les unes aux autres du "sent-y-bon" sur leurs cheveux lissés. »

III, 2

La Chapelle d'Angillon. L'église.

‹ Il faisait, le lendemain matin, quand j'arrivais dans la grand'rue, un si beau temps de vacances, un si grand calme, et sur tout le bourg passaient des bruits si paisibles, si familiers, que j'avais retrouvé toute la joyeuse assurance d'un porteur de bonne nouvelle. ›

La Chapelle d'Angillon.
Carte postale écrite par Jacques Rivière.

‹ Notre maison est située entre ces deux. Mais c'est un peu moins vilain que ça n'en a l'air. ›

La Chapelle d'Angillon : rue de la Gare et le Château.

La Chapelle d'Angillon.
Photo prise par Henri Fournier en 1899.
Devant le portail : M. et Mme Fournier, de chaque côté :
la grand-mère Barthe et Isabelle, le grand-père Barthe et un
petit pensionnaire.

Amazone par Alfred Dedreux (détail)

‹ Je lui racontais qu'une partie de campagne était organisée par mon oncle Florentin et que Mlle de Galais devait y venir à cheval et que lui-même était invité. ›   III, 4

Jeunes filles en barque par Claude Monet

‹ – Il nous faudrait, dit Meaulnes, un canot à pétrole ou un bateau à vapeur comme celui d'autrefois.
– Nous ne l'avons plus, dit-elle presque à voix basse, nous l'avons vendu. ›
                                                                                    III, 6

Paysage de Sologne.

‹ – Eh bien, pour quoi n'iriez-vous pas sur la rivière ? dit-elle.
   Le courant est trop fort, nous risquerions d'être emportés. ›   III, 6

La Marche des fiançailles par Maurice Denis.

« Le vent de cette fin d'été était si tiède sur le chemin des Sablonnières qu'on se serait cru au mois de mai et les feuilles des haies tremblaient à la brise du sud. »

III, 6

Le Chevalier n'est pas mort à la croisade par Maurice Denis.

‹ Meaulnes demandait des renseignements sur tout ce qu'il avait vu autrefois : les petites filles, le conducteur de la vieille berline, les poneys de la course. "Les poneys sont vendus aussi ? Il n'y a plus de chevaux au Domaine ?" Elle répondit qu'il n'y en avait plus. Elle ne parla pas de Bélisaire. ›

« ... Une à une, les voitures chargées de bagages et de gens partirent, avec des chapeaux levés et des mouchoirs agités. Les derniers nous restâmes sur le terrain avec mon oncle... »

III, 6

Illustration de Berthold Mahn.

« Mais pour celui qui aime le bonheur, il y a, au bord d'un chemin boueux, la maison des Sablonnières, où mon ami Meaulnes est entré avec Yvonne de Galais, qui est sa femme depuis midi. »

III, 7

L'École, par Lhermitte.

« Des petits événements ont fait date pendant ces cinq calmes mois. On m'a nommé instituteur au hameau de Saint-Benoist-des-Champs. »

III, 7

« De celle qui avait été la fée, la princesse et l'amour mystérieux de toute notre adolescence, c'est à moi qu'il était échu de prendre le bras et de dire ce qu'il fallait pour adoucir son chagrin, tandis que mon compagnon avait fui. »

III, 10

(Photo Marc Robin, du film de Gabriel Albicocco).

Tableau d'Henri Brokman.

« Voilà donc ce que nous réservait ce beau matin de rentrée, ce perfide soleil d'automne qui glisse sous les branches. Comment lutterais-je contre cette affreuse révolte, cette suffocante montée de larmes ! Nous avions retrouvé la belle jeune fille, nous l'avions conquise. Elle était la femme de mon compagnon et moi je l'aimais de cette amitié profonde et secrète qui ne se dit jamais. Je la regardais et j'étais content comme un petit enfant. »   III, 12

Odilon Redon : *Les Yeux Clos.*

« Ce goût de terre et de mort, ce poids sur le cœur, c'est tout ce qui reste pour moi de la grande aventure, et de vous, Yvonne de Galais, jeune femme tant cherchée – tant aimée... »

III, 12

Devise Mallet

CAHIER SPÉCIAL

DE DEVOIRS MENSUELS

Martin

Réservé à l'élève

Né le *1ᵉʳ Octobre 1880.*

Entré à l'école le *1ᵉʳ Septembre 1887.*

Sorti de l'école le

— ◇ —

Extrait de la Circulaire du 31 août 1887 modifiant
l'Arrêté du 27 juillet 1882

Il sera remis à chaque élève, à son entrée dans chaque cours, un cahier spécial qui lui servira pendant deux ans, chacun de ces cahiers sera conservé avec soin, et tous trois seront finalement réunis à l'aide d'une reliure mobile, d'un simple cartonnage, ou tout autre procédé.

N. B. — Ce cahier est destiné à recevoir les devoirs mensuels pendant la durée du cours.

COURS MOYEN

H. et Cⁱᵉ — Paris.

‹ Il y avait aussi un "Cahier de Devoirs Mensuels"... C'était un cahier vert tout jauni sur les bords... ›

III, 13

Le Boulevard St-Germain. **Aquarelle de Harpignies.**

‹ Je marche le long des maisons pareilles à des boîtes en carton alignées... ›

III, 14

Deux jeunes filles sous la lampe par Maurice Denis.

‹ J'ai deviné qu'elles étaient couturières ou modistes.
En se cachant de sa sœur, Valentine m'a donné rendez-vous pour jeudi,
à quatre heures, devant le même théâtre où nous sommes allés. ›

Paris. Le Pont St-Michel et le Quai Notre-Dame.

« Du quai où je suis, je surveille au loin, sur le pont par lequel elle aurait dû venir, le défilé des gens qui passent. »

III, 14

Bourges. Les Jardins de l'Archevêché.

122. **Bourges.** - *Jardin de l'Archevêché.* - *Allée principale*

Bourges. La Cathédrale.

« Au bout de toutes les rues, sur la place déserte, on la voyait monter énorme et indifférente. »

« Une misérable fille dont les rares cheveux blonds étaient tirés en arrière par un faux chignon, lui donna rendez-vous pour six heures au Jardin de l'Archevêché. »   III, 16

Paysage de Sologne.

« Je n'aime la merveille que lorsqu'elle est étroitement insérée dans la réalité.

... Tout ce que je raconte se passe quelque part. »
(Lettre à André Lhote).

Tableau d'Eugène Carrière.

« Les Carrière sont bien beaux. Il est toujours le peintre exquis de la bonté... »
(Correspondance Jacques Rivière – Alain-Fournier 2 Nov. 1905).

« La seule joie que m'eût laissée le Grand Meaulnes, je sentais bien qu'il était
venu pour me la prendre. Et déjà je l'imaginais, la nuit, enveloppant sa fille
dans un manteau, et partant avec elle pour de nouvelles aventures. »

Epilogue

TABLE DES MATIÈRES

Alain-Fournier et son temps 7

Silhouettes 55

Dossier iconographique

    Première partie 68

    Deuxième partie 112

    Troisième partie 124

CRÉDIT PHOTOS

Aubin Imprimeur
LIGUGÉ, POITIERS

Achevé d'imprimer en septembre 1986
No d'édition 3388/No d'impression P 14339
Dépôt légal, septembre 1986
Imprimé en France